大展好書　好書大展
品嘗好書　冠群可期

大展好書　好書大展
品嘗好書　冠群可期

原地太極拳系列 ⑤

原地青少年太極拳 (22式)

胡啟賢　創編

大展出版社有限公司

YUANDI JIANHUA TAIJIQUAN (22SHI)

作者簡介

　　胡啟賢　現年70歲，原籍安徽省固鎮縣，供職於固鎮縣民政局，1991年退休。

　　曾先後患心臟病、高血壓、胃潰瘍、類風濕關節炎等多種疾病，於「病入膏肓」求醫無望之際，抱一線希望習練太極拳，竟於不知不覺中諸病皆癒，且白髮變黑。

　　此後連續十幾年自費到京拜門惠豐為師，潛心研習太極拳。

　　因每遇天氣惡劣無場地練功時，便坐臥不安，漸萌發奇思，歷時 6年 ，經千萬次試練，終於創編了不受場地限制的「原地太極拳」。在中央電視臺播放後，立即引起各界關注和喜愛。

序

　　胡啟賢先生，原安徽省固鎮縣幹部，50年代因工作積勞過度，身患十餘種疾病，多方投醫，臨床用藥，療效不佳，身體極度衰竭，生命危在旦夕。無奈之際，在家人攙扶之下，參加了縣舉辦的「四十八式太極拳」學習班，摸練太極拳功法，漸見功效，能進食，渾身有勁，由長臥而起，行走便利，能生活自理；多年堅持鍛鍊，病症皆消，身體得到康復。

　　太極拳在他身上顯現了神奇功效，是太極拳給了他第二次生命。

　　他千里迢迢，來京投師，向我深求太極拳功理功法，技藝大進。

　　年過七旬，身體魁梧健壯。他為實現「個人得福，眾人受益」的宗旨，走向社會義務教拳，從學者千餘人次。很多病患者，堅持跟他練拳，身體得到康復。為普及群眾性太極拳活動，他精心創編了「原地太極拳」系列拳法，並整理出版，可喜可賀。望讀者喜練太極拳，終身受益。

　　　　　　　　北京體育大學教授　　門惠豐

目　錄

原地青少年太極拳（22式）
簡　介

　　這套拳是在《原地綜合太極拳（24式）》的基礎上改編的。為了適應青少年的身心特點，在原套路中，增添了「左右二起的拍腳」「左右雙十字拍腳」「左右獨立跨虎」和新編的「左右歇步托掌」等拳式。這些拳式，不僅適當加大了技術難度和整套拳的運動量，而且在演練中，拳姿優美舒展，動作高潮迭起，從而使練者精神振奮，激發練拳的積極性。

　　同時為了套路編排簡練，縮短演練時間，將原套路刪去了「海底針」「摟膝拗步」等六個拳式。經過改編即形成了這套適合青少年演練的原地太極拳。

　　此拳經過兩年多的試教，實踐證明，由於套路短小精悍，武術特點突出，加之動作姿勢左右均等，使身體鍛鍊全面均衡。演練一遍只需4～5分鐘。它對青少年增強體質、健美體型、開發智力、培養武術愛好等，有著良好的作用，因而很受學校、家長和中小學生的喜愛。

動作要點與習練須知

　　<1>在文字說明中，凡有「同時」兩字的，不論先寫或後寫身體某部分動作，各運動部位都要同時協調運動，不要分先後去做。

　　<2>運動的方向是以身體的前、後、左、右為依據的，不論怎麼轉變，總以面對的方向為前，背對的方向為後，身體左側為左，右側為右。

　　<3>「動作說明」是以面向南起勢寫的。初學階段按「動作說明」的方向演練，容易記住拳式和運動方位（最好按「場地示意圖」在地上畫上方位標記習練），待動作熟練後，起勢面向可任選。

　　<4>這套拳的式子是按先右後左的順序編排的（凡是幾勢組合的一式算頭一勢），要先做右式後做左式。22個式子中只有起、收勢是單式，其餘都是同一式左右對稱的雙式。其中的一些式子可以左右反覆演練，但必須做完左式才能轉做下一式。向右邊運動的稱右式，反之稱左式。

　　<5>「動作說明」中的圖像，因攝像受角度限制，它所顯示的動作姿勢、方位、角度和圖上畫的動作路線是不精確的，應以文字說明為準。圖上畫的實線（—）代表右手右腳，虛線（……）代表左手左腳。上圖的標線是達下圖腳、手位置的路線。

＜6＞預備式中要求的懸頂豎項、沉肩垂肘（屈肘）、含胸拔背、斂臀收腹、立身中正、全身放鬆、精神集中、呼吸自然等要貫串這套拳的全過程。整套拳除起勢和收勢身體直立外，其餘的拳勢都要屈膝坐胯（坐身）運動（上體要保持「百會穴」與「會陰穴」上下成垂線，個別動作例外）。屈膝度數可在大腿與地面約成 45~60° 斜角之間，因人而異（屈膝度數越大，運動量越大）。除少數動作姿勢（如穿掌下勢、金雞獨立等），身體可有明顯升降外，其餘身高應保持大體一致，不要忽高忽低，起伏不定。

＜7＞要步法靈活，虛實分明：①上步要腳跟先著地，退、撤步要前腳掌先著地，然後全腳慢慢踏實。②原地換步時，兩隻腳要同時慢慢一起一落。兩腳虛實變換只能漸變，不能突變。③弓步時，前腿屈膝，膝蓋應與腳尖成垂線（重心偏於前腿約70%）；向後坐身時（上體要保持正直），後腿的胯關節應與腳跟上下基本成垂線。④要用碾腳步法調整腳的角度，即以腳跟為軸，腳尖外撇或內扣；用前腳掌為軸，腳跟內碾或外碾。⑤套路動作熟練以後，一些丁虛步可以消掉，即腳收過來不落地就邁出去。

＜8＞要「意領身行」，以腰為軸，帶動四肢弧線螺旋運轉，不要聳肩、揚肘和直臂（直臂撩拳例外）。要運用四肢的畫弧旋轉，尤其是兩手臂的旋轉（拇指尖向外旋稱外旋，反之稱內旋）所產生的螺旋（纏絲）勁，及兩手在運動中手掌撥動空氣產生的作

用力和反作用力，加上用碾腳減少腳與地面摩擦力的作用，來助腰（或帶腰）轉動，使身體向前、後、左、右轉動輕靈，周身動作協調一致。

<9>動作與呼吸配合（鼻吸鼻呼），對增強太極拳的健身醫療作用和提高拳技是十分重要的。初學時用自然呼吸，動作熟練後，可有意識地引導呼吸與動作配合。它的一般規律是：動作趨向定式呼氣，換式（上一式到下式的過渡動作）呼氣，個別運動路線長的動作可輔以短暫的自然呼吸。待動作嫻熟後，可採用「腹式逆呼吸」（又稱拳勢呼吸），即呼時小腹外突，吸時小腹內收（氣沉丹田）。不論採用哪種呼吸法，都要使呼吸深、長、細、勻，通暢自然，不可勉強屏氣。

<10>這套拳和其他太極拳一樣，動作要輕鬆柔和，圓活自然，剛柔相濟，連綿不斷，舒展大方，氣勢完整（定式時動作似停非停即轉下式），演練者要逐步達到這個要求，以便收到更好的健身效果。

<11>演練這套拳的同時，要適當進行腰、腿功（基本功）的訓練。如馬步沖拳、踢腿、拍腳、歇步、壓腿、劈腿（劈叉）、俯腰等等。這樣既可鍛鍊各個關節的靈活性和韌帶的柔韌性，提高肌肉的控制力及彈性，又能促進身體健康，提高拳技水準。

<12>練太極拳要動作規範，姿勢正確，把握要領，增強悟性，循序漸進，日練不輟，持之以恆。

演練場地示意圖

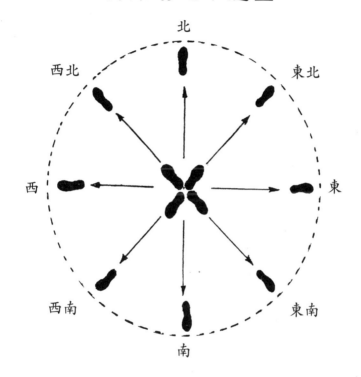

圖例說明

一、場地面積：由中心立足點向八方各邁一步。

二、東西南北四方均可為起勢胸向。

三、動作路線見「動作說明」。

全套動作名稱

預　備

1. 起　勢
2. 開合手 ※
3. 手揮琵琶 ②
4. 白鶴亮翅 ②
5. 撇身捶 ②
6. 斜身靠 ②
7. 斜飛勢 ②
8. 單　鞭 ②
9. 倒捲肱 ②
10. 分腳、掩手撩捶 ②
11. 蹬腳、雙峰貫耳 ②
12. 獨立跨虎 ②
13. 劈掌、震腳搬捶 ②
14. 二起拍腳 ②　※
15. 雙十字拍腳 ②
16. 擺蓮腳、打虎勢 ②
17. 雲手、下勢 ②　※
18. 玉女穿梭 ②

19. 歇步托掌 ②

20. 攬雀尾 ②

21. 金剛搗碓 ②

22. 收勢、頂天立地 ※

註：1. 名稱後的" ② "號碼表示右左各做一式。
　　2. 名稱後的"※"符號表示另有註明。

分式動作說明

圖1

預備 （面向南）

身體自然直立，懸頂（頭微上頂），豎項，沉肩垂肘，含胸拔背，兩肩微前合，下頦微內收，斂臀收腹；兩腳跟相觸，兩腳尖外撇各約 45°，兩手手指微屈自然散開，手心微含，虎口成弧形，兩手的指梢輕貼大腿外側，中指微向下領伸，兩肘微外撐，肘肋之間可容一拳；嘴唇輕輕合閉，鼻吸鼻呼，呼吸自然； 全身放鬆，精神集中；眼平視前方（圖1）。

圖2

1. 起勢（面向南）

（1）身體重心（以下簡稱重心）移至右腿，左腳先抬腳跟，然後全腳抬離地面（腳尖不擦地即可），慢慢向左分開約半步，先前腳掌著地，然後全腳踏實，重心移至兩腿間（兩腳相距與肩同寬，腳尖外撇度數不變）；眼平視前方（圖2）。

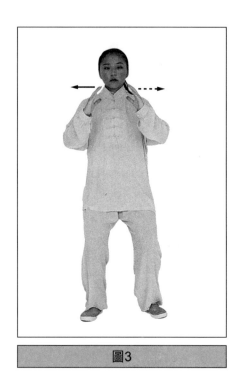

圖3

　　（2）兩手臂（先外旋後內旋）向前上方拖舉至腹前；
同時，兩腿屈膝坐身，斂臀收腹，（膝蓋與腳尖成垂線，
以下的弓步均應如此）；兩臂屈肘，兩手向胸前畫弧回
收，指尖朝上，高與肩平，手心相對，兩手相距約臉寬，
拇指與肩距離約20公分，兩手臂成塔形，兩手心微含，手
指微屈，自然散開；眼看兩手間（圖3）。

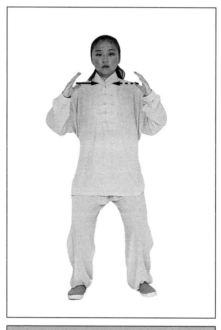

圖4

2. 開合手（面向南）

　　兩手臂向左右分開至肩前，兩手相距與肩同寬（為開手）；接著轉向內合，合至兩手相距與臉同寬（為合手），開合不要扇動腕關節；眼平視前方（圖4、5）。

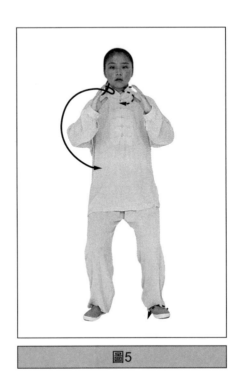

圖5

※動作熟練後，隨著兩手的開合，重心要在兩腿上虛
實輪換，兩膝要微開微合，兩肩胛要帶動胸腔擴張與收
縮；做開的動作時，兩手間意如「氣球」之氣向外膨脹，
合時，意如擠壓「氣球」。個人演練「開合手」可重複
做。

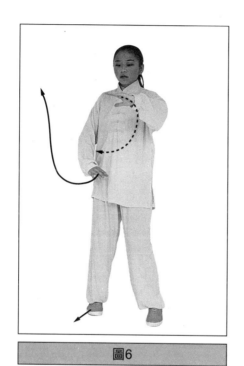

圖6

3. 手揮琵琶　右式（定式面向西南）

（1）重心移向右腿，上體右轉，左腳尖向扣；同時，兩手再稍向內合，然後兩手臂內旋轉掌心向外，指尖斜向上（兩肘外撐，兩手拇指、食指基本相接），繼而右手向右、向下、向左畫弧至右胯前，手心向下；左手稍向左，轉手心向下；眼看左手（圖6）。

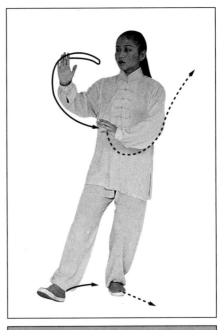

圖7

　　（2）重心移至左腿，右腳向西南上虛步，腳跟著地，腳尖上翹，膝微上提（腿不可挺直）；同時，右手再稍向左畫弧變側立掌，向右腿上方挑舉，手心向左，指尖斜向上，高與眼平（右肘、膝上下成垂線；指尖、腳尖與鼻尖三尖對齊）；左手向左、向下、向右畫弧合於右前臂內側，手心向右（左手與右臂相距約15公分）；眼看右手食指（圖7）。

圖8

3. 手揮琵琶　左式（定式面向東南）

上體左轉，右腳撤回原地，腳尖內扣，重心移至右腿，左腳向東南上虛步；同時，左手臂先內旋後外旋，向下經腹前向左腿上方畫弧挑舉，手心向右；右手臂（先內旋後外旋）先稍向左畫弧再反向右、向下經腹前向左畫弧合於左臂內側；其他動作與技術要求參照右式；眼看左手食指（圖 8）。

圖9

4. 白鶴亮翅　右式（定式面向西）

（1）左腳提離地面，腳尖充分內扣，前腳掌在右腳內側落地；同時，上體右轉（面向西南），右腳以前腳掌為軸，腳跟向內碾轉，左手屈肘收於胸前，手心向下，高與肩平；右手臂外旋，在腹前轉手心向上，兩手成抱球狀；眼看左手（圖9）。

圖10

（2）上體再右轉（面向西）；同時，左腳跟外碾落地，重心移至左腿，右腳跟內碾並向右前伸出虛步，膝微上提；右手臂先外旋後內旋向上畫弧舉於右額前上方，手心向左，腕高約與頭平；左手向左、向下畫弧至左胯前，手心向下，指尖朝前；眼向前平視（圖10）。

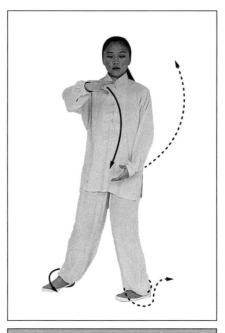

圖11

4. 白鶴亮翅　左式（定式面向東）

上體左轉（面向東），隨著轉體，左手向左、向右抹平圓轉手心向上；右手向胸前畫弧，肘平屈，手心向下，兩手成抱球狀；同時，右腳提離地面，腳尖充分內扣，

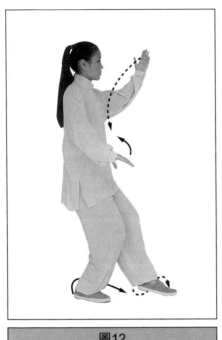

圖12

先前腳掌著地，然後全腳落地，重心移至右腿；左腳碾轉
提離地面，向北移30～40公分，然後與左亮掌同步，左腳
向左前出虛步；其他動作與技術要求參照右式（圖11、
12）。

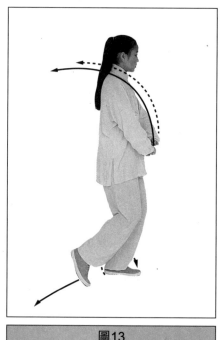

圖13

5. 撇身捶　右式（定式面向西南）

（1）上體微右轉，左腳跟外碾；重心移至左腿，右腳收至左腳內側，腳尖點地成丁虛步；同時，右手向左腹前畫弧握虛拳（握拳方法：五指捲屈，自然握攏，拇指壓於食指、中指第二節上），拳心斜向外；左手向右、向下畫弧落附於右前臂外側；眼看左前下方（圖13）。

圖14

（2）上體先微向左轉再向右轉，右腳向西南邁出一步，重心前移成右弓步，左腿自然伸直，腳跟外碾；同時，右拳上提經面前向西南撇打（達擊點變實拳，拳心稍有空隙，右肘與右膝上下成垂線），腕與肩平，拳心朝上；左手隨右拳向前附於右前臂內側；眼看右拳（圖14）。

圖15

4. 撇身捶　左式（定式面向東南）

（1）上體微左轉，重心後移至左腿，右腳撇回原地，重心再移至右腿，左腳移至右腳內側成丁步；同時，左手從右腕上向右、向上、向左抹掌畫圓至腹前握虛拳，拳心斜向外，拳眼斜向下；右拳變掌，手心向上與左手交叉向左，向下，向右、向上、向左（手臂內旋），再向下落附於左前臂外側；眼看右前下方（圖15）。

圖16

　（2）上體先微右轉再向左轉，左腳向東南邁一步，重心前移成左弓步，右腿自然伸直；同時，左拳上提經面前向東南撇打，拳心斜向上，右手隨左拳向前附於左前臂內側，手心向下；其他動作與技術要求參照右式，眼看左拳（圖16）。

圖17

6 斜身靠　右式（定式面向南偏西）

　　（1）重心後移至右腿，上體微右轉，左腳尖內扣，重心移至左腿，右腳收至左腳內側成丁步；同時，左拳變掌（手心朝上），向右、向下，經腹前向左、向上畫立圓至胸前；右手從左前臂上向左、向右、向下（在腹前手臂漸漸內旋）、向左（手臂轉外旋）、向上畫立圓亦至胸前，

图18

兩手搭成斜十字形（ 右手在外），兩手心向內；眼看左前
方（圖17）。

　　（2）上體微右轉，右腳向西偏北（約15~20°）邁一
步，腳跟先著地，腳尖外撇，重心移至右腿成側弓步，左
腿自然伸直，腳跟外碾；同時，兩手變拳分別向左下和右

圖19

上撐靠，右拳至右額角前，拳心斜向外，拳眼斜向下（拳
與頭相距約25公分），腕與頭平；左拳下撐於左胯前，拳
心斜向左，拳眼斜向下；眼看右前方偏西（圖18、19）。

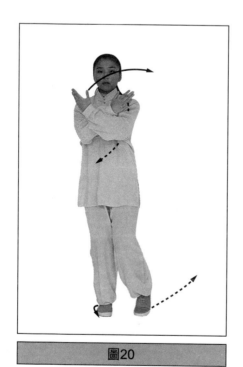

圖20

6. 斜身靠　左式（定式面向南偏東）

（1）上體微左轉，重心稍向左移，右腳尖內扣，重心再移至右腿，左腳收至右腳內側成丁步；同時，兩拳變掌收於胸前交叉成斜十字形，左手在外，兩手心向內，指尖斜向上；眼看左前方（圖20）。

圖21

（2）上體微左轉，左腳向東偏北（約 15~20°）邁一步，腳尖外撇，重心移至左腿成側弓步，右腿自然伸直，腳跟外碾；其他動作與技術要求參照右式（圖 21）。

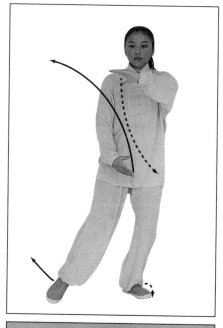

圖22

7. 斜飛勢　右式（定式面向左前下方）

（1）上體微右轉，重心稍向右腿移動，左腳尖內扣，重心再移至左腿，隨之右腳收至右腳內側成丁步；同時，兩拳變掌，左手向右畫弧收至左胸前，手心向下，腕與肩平；右手臂外旋，向左畫弧至左腹前，手心向上，兩手心相對成抱球狀；眼看左手（圖22）。

圖23

（2）上體右轉，右腳向西偏北（約15~20°）邁一步，
腳跟先著地，腳尖外撇，重心移至右腿成側弓步，左腿自
然伸直，腳跟外碾，同時，右手由腹前向身體右上方畫
弧，手心斜向上，指尖高過頭；左手向下畫弧至左胯前，
手心斜向下，指尖斜向右；眼看左下方（圖23）。

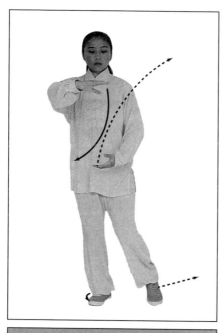

圖24

7. 斜飛勢　左式（定式面向右前下方）

（1）重心稍向左移，上體微左轉，右腳尖內扣，重心移至右腿，左腳收至右腳內側成丁步；同時，右手臂內旋，向左畫弧至右胸前，手心向下，高與肩平；左臂外旋，左手逆時針抹一小平圓再向右畫弧至右腹前，手心向上，兩手成抱球狀；眼看右手（圖24）。

圖25

（2）上體左轉，左腳向東偏北（約15～20°）邁一步，腳尖外撇，重心移至左腿成側弓步，右腿自然伸直，腳跟外碾；其他動作與技術要求參照右式（圖25）。

圖26

8. 單鞭　右式（定式面向西）

（1）重心微右移，上體微右轉，左腳尖內扣，重心移至左腿，右腳收至左腳內側成丁步；同時，左手臂先內旋，後外旋，向下、向右經腹前至右肋旁，再向上經面前向左畫立圓至體左前上方，再手臂內旋，掌變勾手（五指第一節自然捏攏，屈腕）勾尖向下，臂微屈（不可僵直）；右手順時針畫一小平圓再向左經腹前畫弧至左胸前，手心和手指斜向上；眼看左勾手（圖26）。

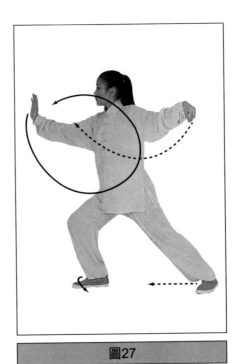

圖27

　　（2）上體右轉，右腳向西邁一步，腳跟先著地，隨上體右轉腳尖轉向西，重心移向右腿屈膝，左腿自然伸直成右弓步；同時，右手從左肩前上提，手心轉向內，指尖向上，高不過眉（臉與手距離約30公分）；眼隨手轉，待面向西時，右手臂內旋，隨著弓步向前（西）推掌，手心向外，指尖高與眼平；左勾手稍向左伸展（右肘、右膝上下成垂線，兩臂微屈，上體不可前傾，兩腳橫向距離10～20公分）；眼看右手（圖27）。

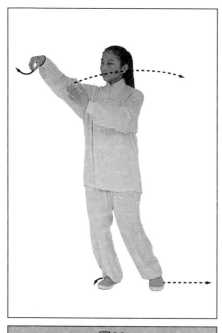

圖28

8. 單鞭　左式（定式面向東）

（1）重心稍左移，右腳尖內扣，重心再移至右腿，左腳收至右腳內側成丁步；同時，左勾手變掌向下、向右畫弧至右肩前，手心向內；右手向下、向左、向上、向右畫立圓至右肩前上方，掌變勾手，勾尖朝下；眼看勾手（圖28）。

圖29

　　（2）上體左轉，左腳向東邁一步，弓步推掌；其他動
作與技術要求參照右式（圖29）。

圖30

9. 倒捲肱　右式（定式面向南）

（1）上體微左轉，重心微左移，右腳跟內碾，右手臂外旋，勾手變掌（手心向上），向體前（南）畫弧，隨之上體右轉，右手回收至右腹前，重心移至右腿；同時，

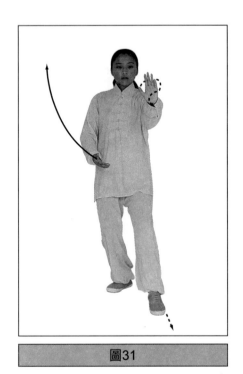

圖31

左手向體左前畫弧，手心斜向前，指尖斜向上；左腳向
右、向前畫弧移步，前腳掌虛著地；眼看左手（圖30、
31）。

圖32

（2）上體再微右轉，右手經腹前向後畫弧平舉，手心向上，肘部微屈，腕與肩平；左手臂外旋前伸，手心向上，腕與肩平、肘部微屈，兩臂基本成一字形（兩手如拖物）；左腳稍前移，腳尖著地，膝微上提；眼隨體轉，先向後看右手再轉看前手（圖32）。

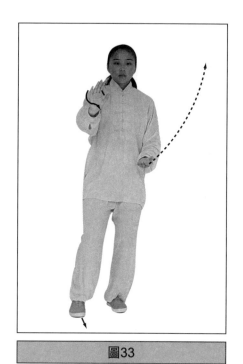

圖33

9. 倒捲肱　左式（定式面向南）

上體左轉，左腳撤至與右腳一齊，腳尖微外撇（兩腳橫向距離約20公分），重心移至左腿，隨之右腳往前伸出虛步，腳尖點地；上體繼續左轉，左手（沿體中線）收至左腹前，手心仍向上；同時，右臂屈肘，右手經耳側前推

圖34

至右胸前，手心向前，指尖向上，腕高不過胸，（眼看右手），隨之左手向後畫弧平舉，手心向上，右手再稍前推翻手心向上（右腳再稍前伸，仍腳尖虛著地）；臉向左轉，眼先看左手再轉看前手（圖33、34）。

圖35

10. 分腳、掩手撩捶　分腳右式（定式面向西南）

（1）上體微左轉，右腳後撤，膝上提（小腿與腳尖自然下垂）；同時，兩手臂從體兩側向下、向胸前畫弧搭成斜十字形（右手在外，手心均向內）；眼看左前方（圖35）。

圖36

　　（2）身體稍上起，（左腿微屈站穩）右腳慢慢向西南
踢出，腳面展平（力點在腳尖）；同時，兩手臂向右前方
和左後方分撐，手心均向外，指尖均向上，腕高與肩平，
肘部微屈（右肘與右膝上下成垂線）；眼看右手（圖
36）。

圖37

10. 掩手撩捶　右式（定式面向西南）

（1）上體微左轉，右小腿屈收，膝上提，腳尖自然下垂；同時，兩手從兩側向下、向內畫弧至胸前，左手變拳，拳心向內，右手心貼於左拳背外；眼看左前方（圖37）。

圖38

（2）左腿屈膝坐胯，右腳向西南伸出虛步，腳跟著地；同時，上體向左擰轉，右手與左拳一齊下落至左腰間（右拳落於左手心中，拳心、手心均向上）；眼看左下方（圖38）。

圖39

（3）上體右轉，右腳全腳落地，重心前移，右腿前弓，左腿自然伸直，腳跟外碾；同時，左拳臂內旋向西南直臂撩打，拳高與腹平，拳眼向右，拳面斜向前；右手隨轉體繞腰向右回抽變拳至右腰間，拳心向上；眼看左拳（圖39）。

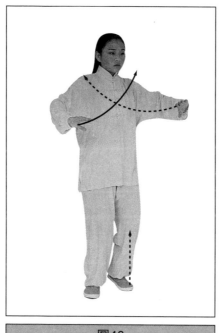

圖40

10. 分腳、掩手撩捶　左式（定式面向東南）

　　重心後移至左腿，右腳撤回原地，重心再移至右腿，即可做左分腳、掩手撩捶。具體動作與技術要求參照右式（圖 40～45）。

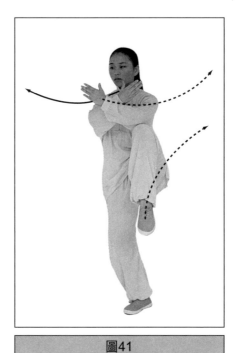

圖41

圖42

圖43

圖44

圖45

11. 蹬腳、雙峰貫耳　蹬腳右式（定式面向西南）

（1）上接圖45。重心後移至右腿，上體微右轉，左腳撤回原地，腳尖外撇，重心移至左腿（膝微屈）獨立；同時，兩拳變掌分別由左右兩側，向上畫弧至胸前，兩腕搭成斜十字形（右手在外，手心均向內），與其同步，右腿提膝，小腿與腳尖自然下垂；眼看左前方（如圖45）。

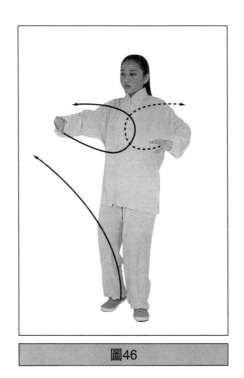

圖46

　（2）左腿站穩，右腳向西南蹬腳（力點在腳跟，腳尖微回勾）；同時，兩手分別向右前和左後坐腕伸撐，兩肘部微屈，兩腕與肩平，手心均向外，指尖均向上，（右肘、膝上下成垂線）；眼看右手（圖46、47）。

圖47

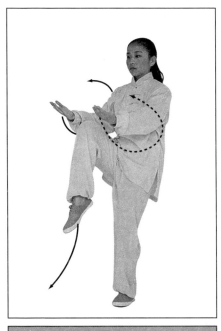

圖48

11. 雙峰貫耳　右式（定式面向西南）

（1）右小腿屈收，膝上提，小腿與腳尖自然下垂；同時，右手臂外旋，手心向上，下落在右膝外側；左手臂亦外旋，向前、向右畫弧至右膝內側，手心亦向上，（兩肘微屈）；眼看右前方（圖48）。

圖49

（2）左腿屈膝坐胯，右腳向西南伸落，腳跟著地；同時，兩手向下、向後畫弧回收至兩胯前（貼近胯窩）手心均向上，緊接著重心前移，右腳踏實，腿屈膝前弓，左腿自然伸直，與其同步，兩手握虛拳（先拳心向上後隨重心前移轉拳心向下，達擊點變實拳）從體兩側向上（不要向體後抽拉）、向前摜打（兩拳臂在胸前合成鉗形），兩拳眼斜向下，相距約頭寬，拳高與耳平；眼看前方（圖49）。

圖50

22. 蹬腳、雙峰貫耳　左式（定式面向東南）

　　重心後移至左腿，右腳撤回原地，重心再移至右腿，即可做左蹬腳、雙峰貫耳（左蹬腳過渡動作如圖40、41）。具體動作與技術要求參照右式（圖50～52）。

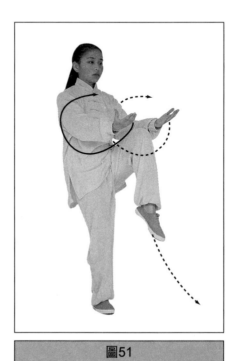

圖51

圖52

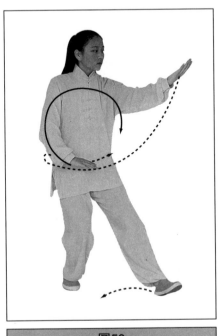

圖53

12. 獨立跨虎　右式（定式面向南稍偏西）

（1）重心後移，上體右轉，左腳尖翹起，腳跟虛著地；同時，兩拳變掌，右手（手心向下）向下經左胯前向右畫弧至右胯旁，左手臂外旋，手心朝上；眼看左手（圖53）。

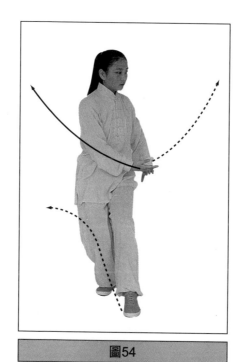

圖54

（2）上體先微右轉再向左轉，右手向右、向上經胸前向左畫弧至左胯前，手心朝上；左手向下、向右經腹前畫弧至右胯側，手臂內旋轉手心朝下，再反向左繞腹畫弧至左胯側，手心朝下；同時，左腳稍後撤右移，前腳掌虛著地；眼看左下方（圖54）。

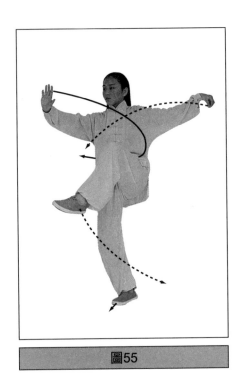

圖55

（3）上體微右轉，右腿獨立站穩；同時，左腿向右
前方抬起，膝微屈，腳面展平，腳尖稍內扣；右手臂內
旋，向右前方畫弧舉起，坐腕，指尖朝上，手心斜向前，
腕略高於肩；左手變勾手，舉於體左側上方，腕略高於
肩，勾尖向下，兩肘微下沉；眼看右前方（圖55）。

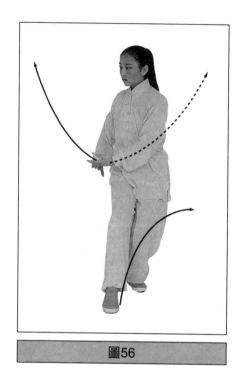

圖56

12. 獨立跨虎　左式（定式面向南稍偏東）

（1）上體先微左轉後右轉，左腳落至右腳內側，重心移至左腿，右腳移至左腳前，前腳掌虛著地；同時，右手臂內旋，向左、向下經腹前畫弧至右胯旁，手心朝下；左勾手變掌（手臂外旋）向右經胸前向下畫弧至右胯前，手心朝上；眼看右下方（圖56）。

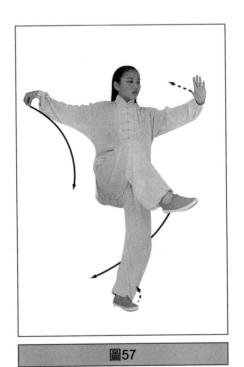

圖57

　（2）上體左轉，左腿獨立站穩；同時，右腿向左前方抬起，膝微屈，腳面展平，腳尖稍內扣；左手臂內旋向左前方畫弧；右手變勾手舉於體右側上方；其他動作與技術要求參照右式（圖57）。

図58

13. 劈掌、震腳搬捶　劈掌右式（定式面向北）

　　上體右轉，右腳向左腳後落步，重心移至右腿，左
腳以腳跟為軸，腳尖充分內扣，重心再移至左腿；隨之，
右腳提離地面，在原地順時針畫圓，然後向右前（北）墊
步，腳跟虛著地，腳尖上翹，膝上提（腿不可僵直）；左
腳以腳跟為軸，腳尖充分內扣；右勾手變掌向身後圓變

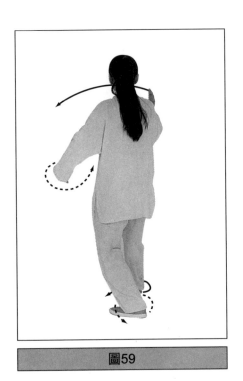

圖59

側立掌向右前（北）劈掌，手心向左，指尖斜向上，高與
鼻平；左手向右、向後（北）、向下畫弧按於左胯外側，
手心向下（兩手臂在左胸前一上一下交叉運動，左手臂走
外，右手臂走內）；眼看右手（圖58、59）。

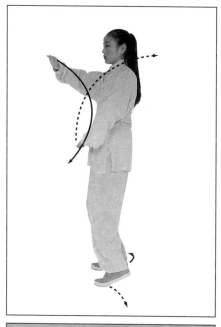

圖60

13. 劈掌、震腳搬捶　劈掌左式（定式面向南）

　　上體左轉，右腳尖充分內扣，重心移至右腿；左腳
提離地面逆時針畫圓並稍向前（南）墊步，腳跟著地成虛
步；同時，兩手隨著體轉（右手在上，左手在下，手心均
向下）向左畫弧，待快轉面向南時，左手逆時針畫圓變側

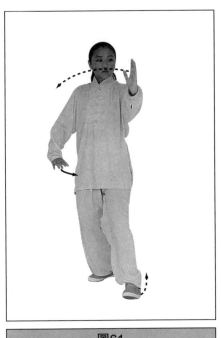

圖61

立掌由腹前向上、向前（南）劈掌，手心向右；右手向
左、向下畫弧按於右胯外側，手心向下，指尖向前（兩手
在右胸前一上一下交叉運動，右手臂走外，左手臂走
內）；眼看左手（圖60、61）。

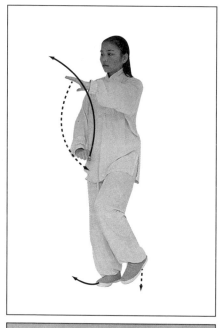

圖62

13. 震腳搬捶　右式（定式面向西）

（1）上體右轉，左腳提離地面，腳尖內扣；同時，左手向右畫弧至右胸前，手心向下；右手伸至左腹前握拳（虛握），拳心向下，拳眼向內；眼看左手（ 圖 62）。

圖63

　　（2）上體繼續右轉（面向西），左腿先提膝後向下震腳（用虛腳彈震地面），然後全腳落實，重心移至左腿，右腳向右前（西）墊步，腳跟著地（膝微上提）；同時，右拳由腹前向西搬出實拳（拳心稍有空隙），拳高與鼻平，拳心向上；左手向下畫弧至左胯旁，手心向下，指尖向西（左手在胸前與右拳一上一下交叉運動，左手在外）；眼看右拳（圖63）。

圖64

13. 震腳搬捶　左式（定式面向東）

上體左轉，右腳以腳跟為軸，腳尖內扣，左腳以前腳掌為軸，腳跟向內碾轉，待轉體面向東南時，重心全移至左腿，右腳抬起；同時，右拳變掌，向左畫弧，左手逆時

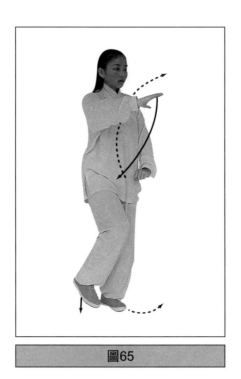

圖65

　　針畫圓後握拳，震腳搬捶；其他動作與技術要求參照右式
（圖64-66）。

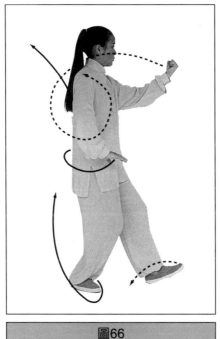

圖66

14. 二起拍腳

　　※「二起拍腳」因集體演練動作難以整齊畫一，故改按「左右雙拍腳」編寫「動作說明」和插圖。「二起拍腳」的動作只作簡略註明。

圖67

右左雙拍腳右式（定式面向西，先拍右腳後拍左腳）

（1）上接左搬捶（圖66）。上體右轉，左腳尖充分內扣，重心移至左腿獨立（膝微屈），右膝上提，小腿與腳尖自然下垂；同時，左拳變掌向右、向下、向左、再向上、向前畫立圓至左肩上方，手心斜向前，指尖向上；右手向右、向後、向上畫弧至右膝上方（肘、膝相接或成垂線），手心向前，指尖向上（肘要屈沉）；眼向前（西）平視（圖67）。

圖68

（2）左腿站穩，右腳上踢（腳面展平）；同時，右手
向前拍擊腳面，左手向後、向上畫弧至身體左後上方，手
心向外，腕高與頭平；眼看右手（圖68）。

圖69

（3）右腳下落至左腳內側，重心移至右腿獨立站穩（膝微屈），左膝上提，小腿與腳尖自然下垂；同時，右手向下、向後、向上畫弧至右肩上方，左手向前畫弧至左膝上方（肘、膝相接或成垂線）；眼向前平視（圖69）。

圖70

（4）左腳上踢，左手向前拍擊腳面；其他動作與技術
要求參照右拍腳（圖70）。

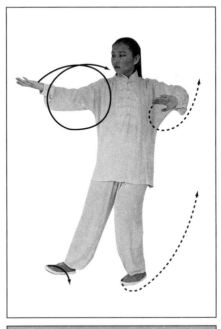

圖71

二起拍腳　右式

接圖 68。右拍腳後，右小腿屈收下落，身體微下降，在腳未落地之前，左腳蹬地使身體向上騰空，在空中左腿迅速向前上方踢擺，腿伸直，腳面展平（腳蹬地起跳時，要提氣；身體騰空擊拍時，要屏氣托住）；與左腿向上踢擺同步，左手向前拍擊左腳面，右手向後、向上畫弧至身體後上方，手心向外；眼看左手（左拍腳後隨即右腳落地）。

圖72

左右雙拍腳左式（定式面向東，先拍左腳後拍右腳）

（1）左腳向左腳後落約半步，重心移至左腿，右腳以腳跟為軸，腳尖充分內扣，體左轉，重心移至右腿，左腳以前腳掌為軸腳跟向內碾轉，待體轉至面向東時，左膝上提；同時，兩手隨著轉體左手向下、向後，再向左上畫弧至左膝上方，手心向前，指尖向上；右手向右向左，向下，再向右、向上畫立圓至右肩外側，腕略高於肩，手心向外，指尖向上；跟看左手（圖71、72）。

圖73

（2）右腿微屈站穩，左腳上踢，左手向前拍擊腳面，右手舉於身體右後上方，腕高與頭平；眼看左手（圖73）。

圖74

（3）左腳下落至右腳內側，重心移至左腿獨立站穩
（膝微屈），右膝上提，小腿上擺踢腳，右手拍擊腳面；
其他動作與技術要求參照右式（圖74、75）。

圖75

二起拍腳　左式

　　接圖73。左拍腳後，左小腿屈收下落，身體下降，在
腳未落地之前，右腳蹬地使身體向上騰空，在空中右腿迅
速向前上方踢擺；同時，右手向前拍擊右腳面；其他動作
與技術要求參照右式。

圖76

15. 雙十字拍腳　右式（定式面向西）

（1）右腳向左腳後落約半步，重心移至右腿，身體右轉（面向西），隨著轉體左腳以腳跟為軸，腳尖充分內扣落實，重心移至左腿；右腳以前腳掌為軸腳跟順時針碾轉並提離地面，稍向右移，膝上提，小腿與腳尖自然下垂；

圖77

同時，右手下落並向右畫弧至右胯旁，手心向下，指尖向前；左手經頭前向右，向下畫弧橫於胸前，手心向下，指尖向右（北）；眼看眼前（圖76、77）。

圖78

　（2）左腿微屈站穩，右腳上踢，左手在胸前用橫掌迎拍右腳面；右手向後，向上畫弧至體右側，腕高與肩平；眼看拍腳（圖78）。

圖79

（3）右腳落在左腳內側，重心移至右腿，微屈站
穩；同時，左手向右、向下經腹前向體左側上方畫弧，右

圖80

手向左畫弧至左胸前，接著左腳上踢，右手在胸前用橫掌
拍左腳面；其他動作參照右十字拍腳（圖79、80）。

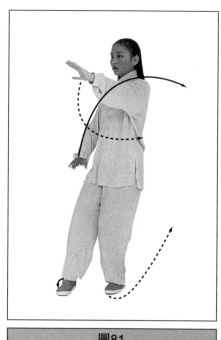

圖81

15. 雙十字腳　左式（定式面向東）

　　左腳向右腳後落步，上體左轉，右腳尖充分內扣，重心移至右腿（面向東），左腳提離地面稍向北移；同時，

左手向左經腹前畫弧至左胯旁，手心向下；右手（先外旋後內旋）向左畫弧至胸前，指尖向北，手心向下，接做左雙十字拍腳；其他動作與技術要求參照右式（圖81～85）。

圖83

圖84

圖85

圖86

16. 擺蓮腳、打虎勢　右式（定式面向南）

（1）上接圖85。右腳向左腳後落步，重心後移至右腿，上體右轉（面向南），左腳尖內扣，重心移至左腿（坐胯、膝微屈、腿站穩），右膝上提至腹前，小腿微外

圖87

旋，腳面展平；同時，兩手隨轉體向右畫弧，右手舉於體
右側，手心向右前方，指尖向上；左手舉於右肩前，手心
向右，指尖向上；眼看右前方（圖86、87）。

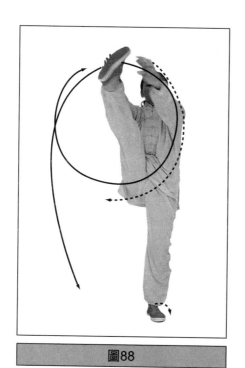

圖88

（２）右腳提起向左、向上、向右扇形擺腳，腳面展平；同時，兩手自右向左擺掌，在體前左先右後拍擊腳面（擊聲兩響）；眼看兩手（此為右擺蓮腳）（圖88）。

圖89

（3）擺腳後，上體右轉，右腳向右（偏北）落一步，先腳跟著地，然後全腳踏實屈膝，左腿自然伸直，腳跟外碾成右側弓步；同時，右手向左、向下，經腹前向右上畫弧變拳屈肘架於頭的右上方，拳眼向下，拳心向外；左手亦向左、向下經腹前向右畫弧屈肘握拳至右腹前，拳心向裏，拳眼向上（兩拳眼上下成垂線）；眼看右前（南）方（此為右打虎勢）（圖89）。

圖90

16. 擺蓮腳、打虎勢　左式（定式面向南）

　　重心左移，上體左轉，右腳尖內扣，重心再移至右
腿，右腿膝上提；同時，兩拳變掌，右手經頭前向左、向

圖91

右下畫弧；左手向上（經胸前）向左畫弧，接做左擺蓮腳
和打虎勢；其他動作與技術要求參照右式（圖90～93）。

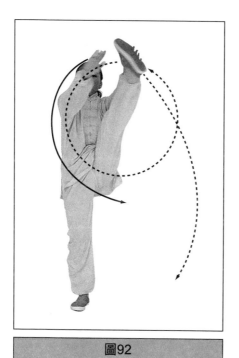

圖92

圖93

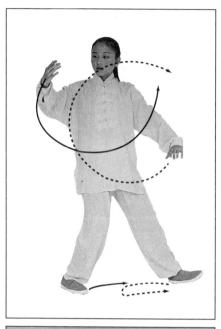

圖94

17. 雲手、下勢
雲手右式（上手雲轉至體正中時面向南）

（1）上接圖93。上體右轉，重心右移，右腿側弓，左腳尖內扣；同時，兩拳變掌，右手心向上，從左胯前向上、向右（逐漸轉手心向內），經面前（手距面約25公分，指尖朝上，高不過眉）畫弧至體右側，手心仍向內；左手向下經腹前（手心斜向內下方，低不過襠）向右畫弧至左胯前；眼看右手（圖94）。

　　※做雲手時，身體重心是左右（東、西）橫向移動，眼隨上手轉動，臉的左右轉向不超180°

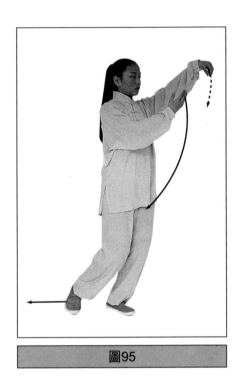

圖95

（2）上體在稍右轉，重心稍右移，右腳收至右腳內側不落地再返回原地（腳尖朝前）；重心左移，左腿側弓，上體左轉，右腳再收至左腳內側；隨著向左轉體和重心左移，右手翻手心向下，從體右側向下、向左畫弧至左胸前，手心向內；左手向右，經右肋前向上畫弧至右肩前（手心轉向內），再經面前向左畫弧至體左側上方變勾手，勾尖向下；眼看左手（圖95）。

圖96

17. 下勢　右式（定式面向西）

（1）上體再稍向左轉，重心再稍向左移，右腳向西（偏北）仆出、腳尖內扣（右腳尖與左腳跟在一條水平線上），左腿屈蹲，上體右轉，右手向下、向右畫弧至左胯前；左勾手下落至左肩後上方，勾尖向下（圖96）。

圖97

　　（２）上體微右轉，右手經腹前順右大腿內側向前穿掌（手背先貼近右大腿內側前穿，手腕過膝後，從小腿上向前上挑舉），隨後右腳尖翹起外撇，重心前移，右腿屈弓，左腳跟外碾，左腿自然伸直；同時，右手向前，向上

圖98

挑掌，指尖斜向上，手心向左，高與眼平；左手臂內旋下
落，勾尖向上（勾手與臂不要接觸臂部）；眼看右手（圖
97、98）。

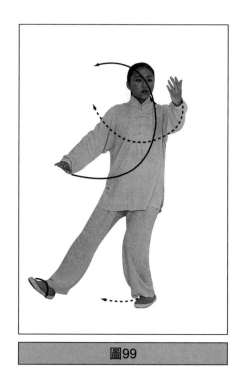

圖99

17. 雲手、下勢　左式
（雲手定式面向南，下勢面向東）

（1）重心後移至左腿，上體先左轉，右腳尖內扣，
左腿側弓，右腿伸直，然後上體右轉，左腳收至右腳內
側；同時，左臂外旋，勾手變掌，向右經腹前畫弧至右胯

圖100

前，再向上經面前向左畫弧至左肩前，接著再向下、向右
畫弧至右肩前，手心向內；右手向下、向左、向上、向右
畫弧至體右側上方變勾手；眼看勾手（圖99、100）。

圖101

（2）接做左下勢。具體動作與技術要求參照右式（圖
101～103）。

圖102

圖103

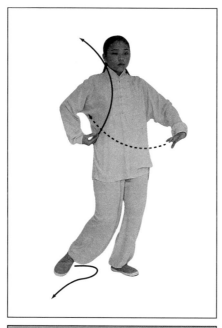

圖104

18. 玉女穿梭　右式（定式面向西南）

上接圖103。重心後移至右腿，上體右轉，左腳尖內扣，重心再移至左腿，右腳從左腳內側向西南上步，先腳跟著地，然後全腳踏實，腿屈膝前弓，左腿自然伸直，腳跟外碾；同時，右臂外旋，勾手在身後順時針畫圓從腰間

圖105

掏出，勾手變掌，手臂再內旋舉架於右額前上方，手心向
前，拇指在下；左手向下，向右畫弧推掌至右胸前，手心
向西南，指尖斜向上；眼向西南平視（圖104、105）。

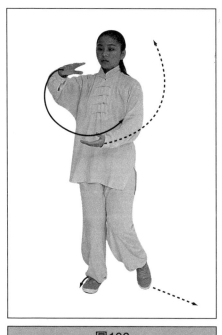

圖106

18. 玉女穿梭　左式（定式面向東南）

重心後移至左腿，上體左轉，右腳尖內扣，重心再移至右腿，左腳經右腳內側向東南上步，腿屈膝前弓，右腿自然伸直；同時，左手向下經腹前向左上畫弧舉架於左額

圖107

前上方；右手向下亦經腹前向左胸前推掌；其他動作與技
術要求參照右式；眼向東南平視（圖106、107）。

圖108

19. 歇步托掌　右式（定式面向西）

重心後移，上體右轉，左腳尖充分內扣，右腳以腳尖為軸，腳跟向內碾轉，待左膝貼近右腿膝窩時，兩腿交叉屈蹲成歇步；同時，右手自左胸前向下，經腹前向右、向

圖109

後、向上、向左畫弧（手臂內旋），托掌於頭上，手心向
上，指尖向左，臂成弧形；左手臂向右、向下、向左畫弧
下按至左胯前，手心向下，指尖向右，臂成弧形；眼向西
平視（圖108～110）。

圖110

　　※定式時，上體要正直，兩腿屈蹲與兩掌上托下
按要協調一致；腿屈蹲的深度要因人而異。

圖111

19. 歇步托掌　左式（定式面向東）

身體稍上起，重心移在左腿上，身體左轉，右腳以腳
跟為軸，腳尖充分內扣，隨之重心移至右腿，左腳提離地

圖112

面並稍前移（腳尖外撇），橫落在右腳前，兩腿交叉屈蹲
成歇步；其他動作與技術要求參照右式；眼向東南平視
（圖111～113）。

圖113

圖114

20. 攬雀尾　右式（定式面向西）

（1）身體稍上起右轉，重心稍向右腿移動，左腳尖翹起內扣，重心再移至左腿，右腳成丁步；同時，左手臂向右畫弧下落至左胸前，肘平屈，肘端微下沉，手心向下，腕與肩平；右手臂外旋向右畫弧至左腹前，手心向上，兩手心相對成抱球狀；眼看左手（圖114）。

圖115

（2）上體再微右轉，右腳向體右前方（西）上步，重心前移，右腿屈膝弓步，左腿自然伸直，腳跟外碾（兩腳不要踩在一條線上，橫向距離約20公分）；同時，右前臂內旋向前、向上掤架橫於體前，手臂成弧形，高與胸平，手心向內，指尖向左；左手臂微內旋向下畫弧至左胯旁，手心向下，指尖向前；眼看右前臂（圖115）。

圖116

（3）上體再微右轉，右手臂內旋向體右前方延伸，手心斜向下，腕與肩平，肘微屈沉；同時，左手臂外旋前伸至右前臂下方，手心斜向上（兩手心斜相對）；眼看右手（圖116）。

圖117

　　（4）上體左轉，重心後移，左腿屈膝坐胯，右腿向後伸展（膝微屈）；同時，兩手一齊下捋至左胯前，繼而兩手臂再向左後畫弧，左手至體後上方，手心和指尖斜向

圖118

上，腕略高於肩；右手至左腹前，手心向上；眼看左手
（圖117、118）。

圖119

（5）上體右轉，重心移向右腿屈膝前弓，左腿自然伸
直，腳跟外碾；同時，右前臂移至胸前平屈，手心向內；
左手（屈肘，手指尖領先）向上、向前經耳側畫弧至胸

圖120

前，手掌輕貼於右腕內側，然後兩手慢慢前擠至兩臂成半圓形；眼向前平視（圖119、120）。

圖121

（6）兩手臂再略微前擠，右手臂內旋，手心向下，稍
向左斜伸；左手經右腕上稍向右斜伸，兩腕在胸前交叉成
斜十字形（手心均向下），然後兩手左右分開至胸寬，繼
而上體向後坐身，重心移至左腿，屈膝坐胯，右腿向後伸
展，腳尖翹起，膝微屈；同時，兩手向內回收至胸前，再
下落在兩胯前，手心斜向下；眼平視前方（圖121）。

圖122

（7）重心前移，右腳落實，右腿屈膝前弓，左腿自然
伸直；同時，兩手坐腕（塌腕）向上、向前弧線按推，腕
與胸平，手心向前，指尖向上，兩手相距約胸寬，兩肘微
屈；眼看兩手間（圖122）。

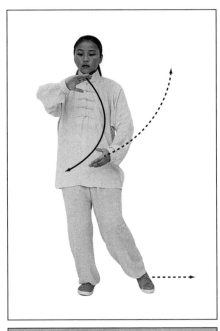

圖123

20. 攬雀尾　左式（定式面向東）

　　重心後移至左腿，上體左轉，右腳尖充分內扣，重心再移至右腿，左腳收至右腳內側，腳尖點地成丁虛步；同時，左手向左，向下經腹前畫弧至右腹前，手心向上；右

圖124

手向左畫弧平屈在右胸前，手心向下，腕高與肩平，兩手心相對成抱球狀；其他動作與技術要求參照右式（圖123～131）。

圖125

圖126

圖127

圖128

圖129

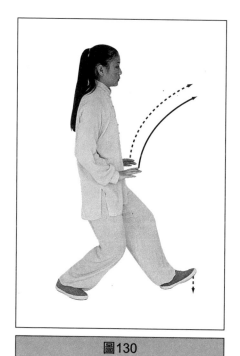

圖130

圖131

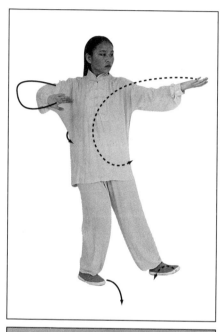

圖132

21. 金剛搗碓　右式（定式面向南）

（1）上接圖131。重心右移，左腳尖內扣，上體右轉，胯、肩、膝隨著向右撐轉（撐轉幅度要因人而異）；同時，右手臂內旋，向右畫弧至右肩前（偏後），手心斜向外，拇指斜向下；左手臂外旋，手心向上、向右畫弧至左前方；眼看左手（圖132）。

圖133

（2）上體稍右轉再反向左轉，重心左移（腰、胯、肩、膝要隨上體擰轉）；同時，左臂內旋翻手心向下，向右、向下經腹前向左畫弧至胯旁（偏後），手心向後，拇指斜向下；右手向右、向後、向左、向下畫弧至右胯旁，手臂外旋，手心朝前，手指朝下，向前撩掌，手掌高與腹平；與右掌前撩同步，右腳尖擦地向前出虛步，腳尖點地，膝微屈，眼看右手（圖133）。

圖134

（3）右臂屈肘，右掌上挑至胸前握虛拳，拳心向內，高與胸平，右腿屈膝上提（肘、膝上下成垂線），腳尖自然下垂（左腿要屈膝坐胯，身體不要上起）；左手移至腹前轉手心向上，手心內含；眼看右拳（圖134）。

圖135

　　（4）右臂外旋，右拳下落，以拳背砸擊左手心；左手
微向上迎擊拳背（拳掌貼近肚臍）；同時，右腳尖稍外
撇，向左腳內側跺地震腳（用虛腳彈震後再踏實，兩腳相
距10～20公分；震腳時上體要保持平穩，身高不要下降，
震腳與砸掌要響聲一致）；眼看前方（圖135）。

圖136

21. 金剛搗碓　左式（定式面向南）

右腳落實，重心移至右腿，左腳以腳跟內緣擦地向左橫開一步（腳尖稍外撇），重心移向左腿，左腿側弓，右腿自然伸直；同時，右拳變掌向體右側上方畫弧，手心和指尖斜向上；左手臂內旋翻手心向下，稍向左畫弧，繼而

圖137

兩手隨著重心左移和腰、胯、肩向左擰轉，右手（手心向
上）向下、向左畫弧至左胯前（手臂內旋手心向下）再反
向右畫弧至右胯旁；左手向左、向後畫弧（手臂外旋）向
前撩掌，手心向前，指尖斜向下；與右手向右畫弧和左手

圖138

前撩同步，上體微右轉，重心移向右腿，左腳經右腳內側
向前出虛步，前腳掌著地；其他動作與技術要求參照右式
（圖136～139）。

圖139

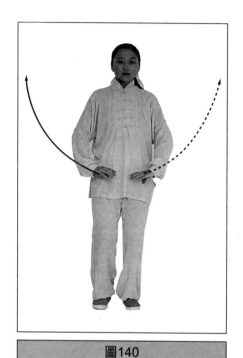

圖140

22. 收勢、頂天立地（面向南）

（1）上接圖139。重心移至兩腿間，左拳變掌，兩手
在腹前翻手心向下，指尖相對，繼而向左右分開至體兩
側，兩臂外旋翻手心向上，手心微含（手指自然散開，兩

圖141

臂微屈），隨著身體慢慢直立，兩手向上拖舉（肩要鬆沉
不可上聳），並向頭上攏合至兩手指尖基本相接；眼平視
前方（圖140、141）。

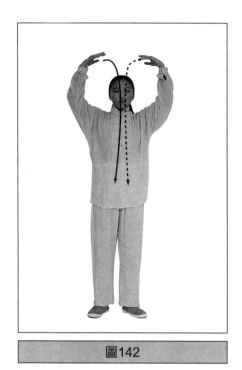

圖142

（2）兩手（手心向下）從頭上經面前下落至下頦轉手心向內，再下落至肚臍（圖142）。

圖143

（3）兩手貼近肚臍向左右分開至體兩側，兩手臂先外旋後內旋，向腹前摟抱（手心轉向內，兩手臂撐圓，兩手指相距5～10公分）；眼平視前方（圖143、144）。

圖144

圖145

（4）兩手內收，兩手相疊輕輕護於肚臍之上（圖
145）。

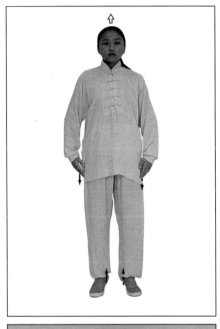

圖146

（5）兩手稍停，再沿帶脈（腰帶部位）向體兩側分開
至大腿外側，手心向內，指尖向下。

圖147

　　※頂天立地：即頭上頂，兩手下伸，兩腳跟抬起，兩前腳掌著地，身體盡量拔伸，然後不鬆頂，兩腳跟下落（身體有拔長和上下對拉感），如此連續三次（個人演練不限）（圖146～148）。

圖148

原地青少年太極拳(22)式全套動作演示

1. 預備

1. 起勢

2. 開合手

3. 手揮琵琶

4. 白鶴亮翅

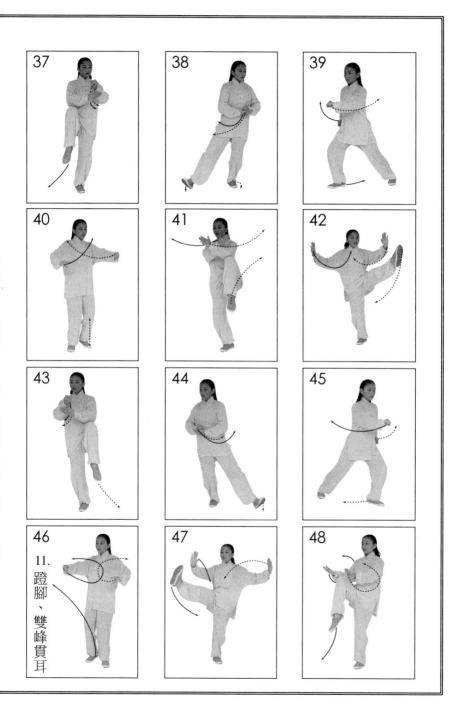

11.蹬腳、雙峰貫耳

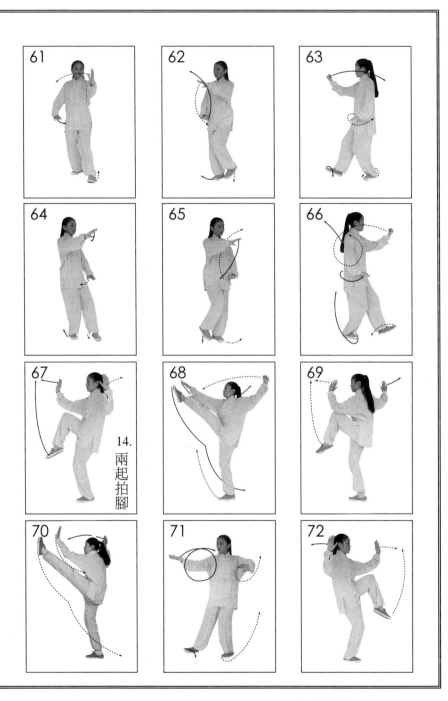

14.
兩
起
拍
腳

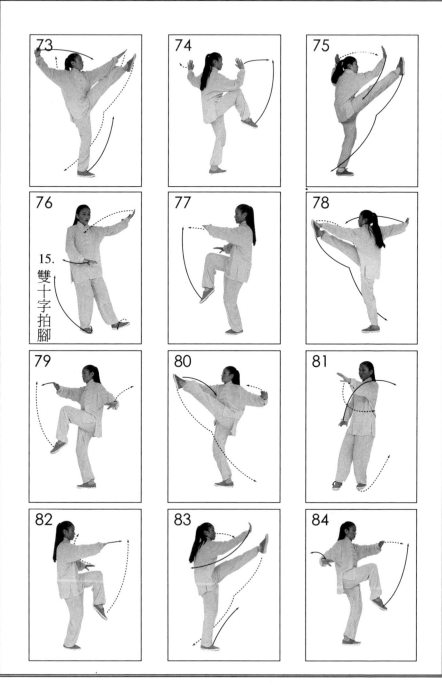

15.
雙十字拍腳

20.
攬雀尾

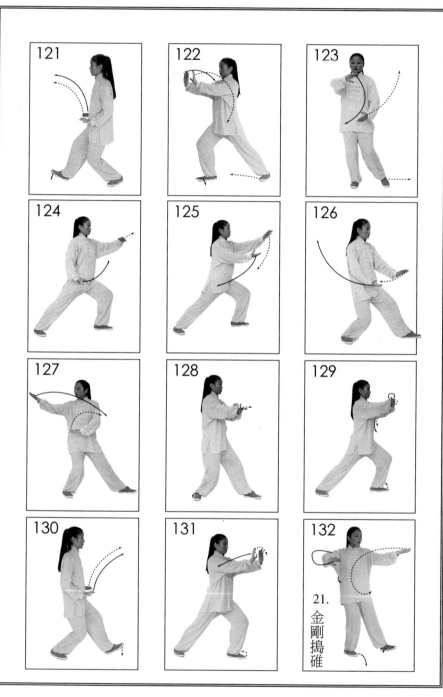

21.
金
剛
搗
碓

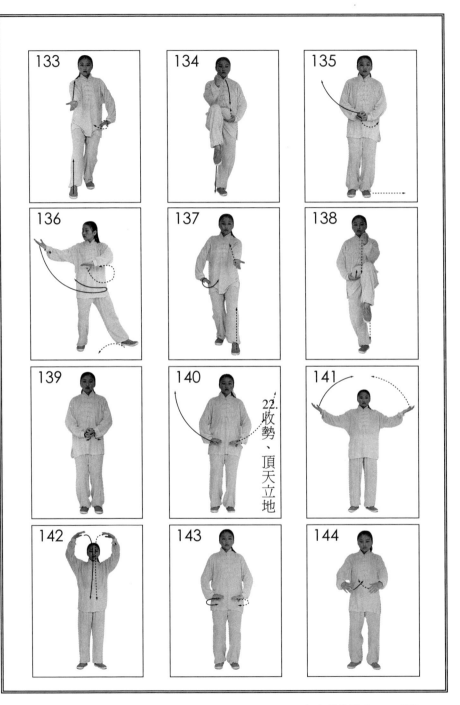

號次	彩 色 圖 解 太 極 武 術		定價	
1.	太極功夫扇	李德印　編著	220	元
2.	武當太極劍	李德印　編著	220	元
3.	楊式太極劍	李德印　編著	220	元
4.	楊式太極刀	王志遠　著	220	元
5.	24式太極拳+VCD	李德印　編著	350	元
6.	32式太極劍+VCD	李德印　編著	350	元
7.	42式太極劍+VCD	李德印　編著	350	元
8.	42式太極拳+VCD	李德印　編著	350	元
9.	陳式太極拳+VCD	黃康輝　編著	350	元
10.	楊式太極拳+VCD	宗維潔　編著	350	元
11.	吳式太極拳+VCD	宗維潔　編著	350	元
12.	精簡陳式太極拳	黃康輝　編著	220	元
13.	精簡吳式太極拳	柳恩久　主編	220	元
14.	16式太極拳‧劍+VCD	崔仲三　編著	350	元
15.	楊氏28式太極拳+VCD	趙幼斌　編著	350	元

國家圖書館出版品預行編目資料

原地青少年太極拳：22式／胡啓賢 創編
—初版—臺北市：大展 ， 2003【民92】
面 ； 21 公分 —（原地太極拳系列；5）
ISBN 957-468-222-6（平裝）

1.太極拳

528.972   92006705

原地青少年太極拳 22式 ISBN 957-468-222-6

創 編 者 / 胡　啓　賢
責任編輯 / 鄭　小　鋒
圖片攝影 / 段　賢　斌
發 行 人 / 蔡　森　明
出 版 者 / 大展出版社有限公司
社　　址 / 台北市北投區（石牌）致遠一路 2 段 12 巷 1 號
電　　話 / （02）28236031‧28236033‧28233123
傳　　真 / （02）28272069
郵政劃撥 / 01669551
E - mail / dah_jaan@pchome.com.tw
登 記 證 / 局版臺業字第 2171 號
承 印 者 / 國順文具印刷行
裝　　訂 / 協億印製廠股份有限公司
排 版 者 / 順基國際有限公司
初版 1 刷 / 2003 年（民 92 年） 7 月

定價 / 220 元

大展好書　好書大展
品嘗好書　冠群可期

大展好書　好書大展
品嘗好書　冠群可期